Dieses Buch ist gewidmet

allen Menschen

und denen, die es werden möchten...

Ralf A.M. Brehmer

…geht Menschsein anders?

Das zweite Buch der Anders-Reihe

Bibliografische Information der Deutschen Nationalbibliothek:
Die Deutsche Nationalbibliothek verzeichnet diese Publikation in der Deutschen Nationalbibliografie; detaillierte bibliografische Daten sind im Internet über
http://dnb.dnb.de abrufbar.

© since 1969 (veröffentl. 2019)
Ralf A.M. Brehmer
Herstellung und Verlag:
BoD – Books on Demand, Norderstedt

ISBN: *9783741242045*

Inhaltsverzeichnis

„Eine bequeme Wahrheit", oder:
warum ich dieses Buch geschrieben habe.........7

1. Einleitung............... 19

2. Die Entstehung des Universums, oder:
Es könnte ja auch einfach gar nichts geben....25

3. Religion und Glaube............29

4. Kulturelle und staatengebundene Eigenheiten............37

5. Die Mär von den knappen Ressourcen........45

6. Warum Verschwörungstheorien so interessant sind.........54

7. Macht kommt von machen...............61

8. Wir alle sind Schöpfer...............70

9. Interaktion in Beziehungen & Mobbing......78

10. Wohin, Menschheit?..............86

11. Schlusswort und Dank............101

12. Über den Autor............105

13. Literatur...............108

Bereits 2018 bei BoD erschienen:

...geht Bildung anders?

Das erste Buch der Anders-Reihe

ISBN: 9783752833164

„Eine bequeme Wahrheit", oder: warum ich dieses Buch geschrieben habe

Σ

Erstens: Gibt es ein wichtigeres Thema? Irgendwie hängt doch mehr oder weniger alles haargenau von dieser einen Frage ab: Wie geht es weiter auf und mit „unserer" Erde und wie geht es weiter mit uns Menschen?

Und zweitens, weil ich mich so oft wundere oder sogar wundern muss über einige Dinge, die häufig einfach so von Menschen hingenommen bzw. vielleicht noch nicht einmal wahrgenommen werden.

Dazu kommt, dass ich nun mal eines jener Individuen auf diesem Planeten bin, die oft anders und um die Ecke denken und „komische" Fragen stellen, komischer als es vielleicht andere tun würden. Schlussendlich will ich verstehen, was Menschen umtreibt, dazu bewegt, was sie gerade tun und/oder denken.

...**A**ls ich 1986 meine Ausbildung zum Maschinenschlosser in Rüsselsheim antrat, waren die Sorgen des Autobauers groß.
Die Firma war fast total in die Bedeutungslosigkeit gerutscht, die Fahrzeugflotte fand kaum Absatz, sodass alle Hoffnungen auf den neuen Modellen ruhten.

Natürlich wollte ich, dass es mit der Firma wieder bergauf geht, schließlich hatte eine Arbeit bzw. Ausbildung dort in unserer Familie fast schon Tradition.

Doch was ich mich damals schon fragte, war: „Irgendwann hat doch dann jeder mal ein Auto, was machen wir dann?"
Und ich finde es heute noch sehr kurzsichtig, wenn nicht gar ziemlich bescheuert, wenn sich ein Land/eine Politik so sehr nur auf ein und den selben Wirtschaftszweig beruft und mehr

oder weniger die gesamte Marktwirtschaft darauf aufbaut.

Schauen Sie sich ruhig mal an, welche Wirtschaftszweige alle mit der Herstellung, dem Verkauf, der Wartung usw. unserer Kraftfahrzeuge zu tun haben. Von Steuern und Versicherungen ganz zu schweigen.

Das glaubt man kaum und denkt garantiert das eine ums andere mal dabei: „Stimmt, daran hab' ich ja gar nicht gedacht...".

Das ist ein riesiger Rattenschwanz an Arbeitsplätzen und Kohle, der da dran hängt...

Apropos Arbeitsplätze: neulich sah ich auf einer Demonstration im Fernsehen ein hochgehaltenes Schild auf dem stand: „Grüne Jobkiller".

Mmh...

Braun- und Steinkohle, Erdöl, Schwerindustrie, Kunstdünger, Monokulturen, Massentierhaltung, Plastikmüll, stinkende Autos undundund sind halt nun mal so richtig bescheuert für unsere Umwelt und konsequenterweise auch so richtig bescheuert für uns Menschen, da wir darin leben (müssen).

Bei allen berechtigten und verständlichen Ängsten um den Job und den eigenen Lebensunterhalt, aber wie befangen (gefangen?) muss man denn wirklich sein, um das nicht zu verstehen bzw. verstehen zu wollen?

Es sind schließlich bereits viele Berufe ausgestorben, da die (industrielle) Entwicklung diese obsolet werden ließ.

Es gibt viele Rasierapparate, aber kaum noch Barbiere.

Es gibt viele PC's, aber kaum noch Schreibmaschinen.

Es gibt viele Aufzüge, aber kaum noch Aufzugführer, und so weiter und so fort.

Also wieso sollte das plötzlich mit der Auto- oder einer anderen Industrie anders sein?

Es geht immer weiter. Entwicklung kennt nur eine Richtung: vorwärts!

Geht eine Tür zu, öffnet sich *mindestens* eine andere.

So war es immer schon und so wird es immer sein, denn das Leben ist eine immerzu währende Aneinanderreihung von unzähligen Möglichkeiten, für die jeder einzelne Mensch sich individuell entscheiden kann.

Nur weil die Möglichkeiten, die ich zur Wahl habe, „sich nicht ganz so toll anfühlen", heißt das noch lange nicht, dass ich nicht die Wahl habe.

Die habe ich immer.

Zurück zu den „Grünen Jobkillern": was kann denn irgendeine politische Partei dafür, wenn sie nicht die „richtigen" Ideen dazu hat?
Das sind auch nur Menschen, die in einer bestimmten Zeit, in einer bestimmten Gesellschaft mit bestimmten Werten und mit einem bestimmten Weltbild herangewachsen sind.

Schließlich besteht die gesamte politische Geschichte auf diesem Planeten für gewöhnlich eher nur aus „mehr des selben" und alle wundern sich dann arg, „wie es denn nur so weit hat kommen können".

Die Gletscher schmelzen, der Wasserspiegel steigt und hier fahren immer noch tonnenschwere, spritfressende SUV's durch die Gegend.

Von wegen „intelligente Säugetiere"...

Und was ich mich dann auch oft dabei frage, ist: Wieso muss eigentlich denn immer der Endverbraucher der Depp sein? Wieso immer nur verzichten oder draufzahlen, **IHR** baut doch den Mist!

Schließlich kann ich doch als Kunde nur das kaufen, was mir von der Wirtschaft angeboten wird. Seien es nun die Autos, Lebensmittel, Wasch- und Putzmittel oder was auch immer. Wer eine Konsumgesellschaft und eine Marktwirtschaft ausruft, muss eben auch Konsumgüter, Waren und Märkte zur Verfügung stellen.

Also **MUSS** ich doch z.B. genau diese Autos kaufen, die die Hersteller anbieten, um mobil zu bleiben, was nun mal eine Notwendigkeit in der heutigen (Erwerbs)Gesellschaft darstellt.

**Ich kann nichts anderes kaufen und konsumieren, als das,
was es gibt und was angeboten wird.**

Was kann **ICH** denn dafür, wenn diese Hersteller schlicht und ergreifend (aus welchen Gründen auch immer) zu *** sind, z.B. gescheite Motoren zu bauen, die die Umwelt eben nicht verpesten, obwohl dieser Industriezweig doch schon seit ca. 140 Jahren an sowas herumbastelt.

In dieser langen Zeitspanne sollte man doch langsam mal auf die Idee gekommen sein, wie das wesentlich besser zu machen ist.

Jaja, die Politiker, die Autobauer- und die Erdöllobby...

Scheinen wohl allesamt kinderlose Vollpfosten zu sein, sonst kämen die doch wohl nie auf die Idee, den Planeten immer noch weiter zu verpesten. Oder?!?...

Und was für eine bescheuerte Idee, die Spritpreise massiv anzuheben.
Der Mensch **MUSS** heutzutage mobil sein, egal wie teuer ihn das zu stehen kommt.

Oder wohnen alle Menschen da, wo sie arbeiten?

Und wie zuverlässig und flächendeckend der ÖPNV ist, können Sie ruhig mal meine Frau fragen.

Oder die vielen anderen Menschen, die, wenn sie wirklich jedes mal bei Verspätungen ihr

Recht auf finanziellen Ausgleich bei der Deutschen Bahn eingefordert hätten, wahrscheinlich schon jetzt ihre Vorverrentung planen könnten...

Meine Eltern, diese einzigartigen Wesen, mit ihrer einzigartigen Art und Weise, die Dinge zu sehen, gaben mir (wie soll es auch anders sein...) viel mit auf meinen Weg.

Ein Lieblingsspruch meines Vaters lautete z.B.:
„Ralf, helf' mal mit denken!".

Meine Mutter, diese herzensgute, aber manchmal auch „es-faustdick-hinter-den-Ohren-habende" Frau, zeigte mir, dass irgendwie alles was ist, auch irgendwie alles seinen Sinn ergibt, egal für wen oder für was.

Das heißt, dass Handlungen, die ein Mensch unternimmt und Dinge, der er/sie denkt (über sich und den ganzen Rest) Sinn ergeben, zumindest für diesen Menschen selbst.

Oder wie es mein hochgeschätzter Prof. einmal ausdrückte:

„Jeder hat das Recht auf seine eigene Scheiße!"

Problematisch wird an dem Ganzen nur, wenn „die eigene Scheiße" als allgemeingültig angesehen wird.

Also wenn einem Worte oder Slogans wie zum Beispiel „das sagt einem doch schon der gesunde Menschenverstand", „das ist doch selbstverständlich", „das ist doch normal" um die Ohren gehauen werden, als wären diese Erkenntnisse tatsächlich die „Realität", obwohl schon diese Wortkreationen alle nur konstruiert sind und immer nur im gesamtgesellschaftlich wirkenden Kontext ihre „Gültigkeit" besitzen.

Es ist nun mal so, dass unsere Wahrnehmungen unser Weltbild prägen und nicht umgekehrt.

Das heißt, ich denke so und so, also ist das auch so und so.

Punkt!

Echt blöd immer nur dann,
wenn die anderen die Frechheit besitzen
das einfach ganz anders zu sehen...

***

1. Einleitung

α

„Die Würde des Menschen ist unantastbar". So steht es im ersten Absatz des ersten Artikels des Grundgesetzes der Bundesrepublik Deutschland.

Heißt das vielleicht auch, dass der Mensch ja gerne würde, aber dies dann doch lieber unangetastet lässt...?

Wieso existieren dann so viele „Krisenherde" auf und in unserer Welt? Wieso schlagen sich die Menschen gegenseitig ihre Schädel ein und sind dabei auch noch völlig davon überzeugt, das „Richtige zu tun"?

Wieso hört man immer häufiger, dass z.B. bei Unfällen auf der Autobahn die Sanitäter wegen Gaffern oder rettungsgassenbildungsunfähigen Schwachköpfen (die lieber ein „smartes" Video von der Katastrophe aufnehmen, anstatt mitzudenken) es schwer haben, zu den Verletzten zu gelangen?

Oder von Sanitär_innen, die von ihrer Arbeit bewusst ab- bzw. ferngehalten und womöglich noch beleidigt und sogar auch angegriffen werden.

Ich weiß nicht, aber wenn diese Ignoranten selbst schreiend vor Schmerzen irgendwo rumliegen würden, fänden die es bestimmt supertoll, wenn andere Schwachmaten sie filmen würden, anstatt zu helfen oder wenigstens den Weg freizumachen für die Profis.

Wieso kommen Menschen auf die total bescheuerte Idee, „besser" oder „reineren Glaubens" als andere Menschen zu sein, was soll der ganze Schwachsinn von einer „weißen Herrenrasse"[1]?, egal wann und wo.

Oder als die Kreuzzüge des Mittelalters begannen, da gab es den Schlachtruf „Gott will es!". Faszinierend, dass irgendjemand von sich behaupten kann, er wisse, was der jeweils spezielle Gott genau will.[2]

Das menschliche Miteinander scheint sonderbarerweise immer irgendwie mehr oder weniger konfliktbehaftet zu sein. Ich frage mich nur, wieso das in der heutigen Zeit immer noch so ist. Das ist ja, als wäre das „finstere Mittelalter" am Ende immer noch in den Köpfen vieler

---

1 Ich persönlich sehe das so: Es gibt bei den Menschen nur eine Rasse; den Menschen an sich. Egal, was die Biologie dazu sagt...
2 Ich bin mir übrigens ziemlich sicher, dass ER/SIE/ES gar nichts von uns will und wenn doch, dann allerhöchstens, dass wir unseren freien Willen gebrauchen und frei entscheiden, ganz im Sinne vom „kategorischen" Kant: *„der bestirnte Himmel über mir und das moralische Gesetz in mir".*

Menschen und die Renaissance haarscharf an denjenigen vorbeigegangen...

Dabei ist es doch ganz einfach: es ist eine unbestreitbare Tatsache, dass wir als Menschen auf ein und dem selben Planeten leben, dem dritten, von der Sonne aus betrachtet, also der Erde, die wir uns weder untertan machen sollten, noch Raubbau an ihr betreiben, schließlich ist sie (zumindest im Augenblick) unsere einzige dauerhafte Möglichkeit, festen Boden unter den Füßen in diesem Universum zu haben und Luft zum Atmen und Wasser zum Trinken, was, ehrlich gesagt, keine Selbstverständlichkeit ist[3].

Wieso also ist der Mensch oft so bescheuert und gibt alles, damit er den Ast absägt, auf dem

---
3 Denken Sie nur mal an die Smogbilder in China, an unsere Feinstaubdebatte oder an die Tatsache, dass mehr als ein Viertel der aktuellen Weltbevölkerung Probleme damit hat, an sauberes Trinkwasser zu gelangen und wir es literweise den Abfluss hinunterjagen...

er steht? Was treibt ihn um? Was treibt ihn an? Wieso denkt er nicht mehr als vom Mund bis zu seiner Nasenspitze, wie es mir manchmal vorkommt.

Wissen Sie, ich bin weit davon entfernt, ein Nihilist zu sein oder ein Pessimist oder ein Atheist oder ein Agnostiker. Ich sehe nur zu, dass ich meinen Verstand und meine Intuition sinnvoll kombiniere und beiden das gleiche Recht zugestehe, sodass ich wohl manchmal die Dinge anders sehe und wahrnehme, als es andere Menschen tun und ich bin bekannt dafür, „seltsame" Fragen zu stellen, denn eine einzige sinnvolle Frage kann mehr in Gang setzen als tausend Absichten es vermögen.[4]

Es kann nicht daran liegen, dass Menschen an sich ignorant oder doof sind, es muss etwas

---

[4] Im Sinne von Jostein Garder (Sofies Welt): „Eine Frage kann mehr Zunder enthalten als 1000 Antworten".

anderes sein, sonst gäbe es keine Menschen in unserem Dasein wie Platon, Aristoteles, Sokrates, Da Vinci, Michelangelo, Schiller, Goethe, Einstein, Montessori, Curie, Meitner, Hawking und Co.

Und genau diese Frage ist es, die mich umtreibt, nämlich die Frage, wieso der Mensch scheinbar bewusst in Kauf nimmt, sich, andere und seine Umwelt zu missbrauchen, sodass irgendwann nur noch ein lebensunwirtlicher, verdreckter und vielleicht sogar giftiger Planet übrig bleibt.

Die Leute kacken doch auch nicht in ihr eigenes Bett!

***

2. Die Entstehung des Universums, oder: Es könnte ja auch einfach gar nichts geben...

AΩ

Zuallererst sei hier erwähnt, dass die Existenz von allem existierenden für mich den ultimativen „Gottesbeweis" darstellt und ich mich jedes mal wundere, wenn es Menschen anders sehen, denn die Tatsache, dass es überhaupt etwas gibt, muss doch völlig überzeugend sein und jedweden Zweiflern gerecht werden.

Ich rede hier nicht in erster Linie von einem religiösen Gott, sondern eher vom Grund der Existenz an sich, also der Tatsache, dass es überhaupt etwas gab, dass „knallen" konnte, bezieht man sich auf die Idee des Urknalls[5].

---

5 Das Wort Urknall an sich ist schon lustig, da erstens (zumindest in unserem Verständnis) niemand anwesend war, um ihn zu hören und zweitens es ja gar kein Medium gab, in dem sich der Schall hätte ausbreiten können...

Und wenn man es genau betrachtet, schließen sich religiöse und wissenschaftliche Schöpfungsgeschichten ja überhaupt gar nicht gegeneinander aus, es ist alles nur eine Frage des Standpunktes und des Blickwinkels, denn:

„Ein sicherer Standpunkt bedingt nicht zwangsläufig den richtigen Blickwinkel."[6]

Gehen wir also davon aus, dass es tatsächlich eine unvorstellbar kleine, absolut hochverdichtete Masse gab (woher die auch immer kam und was auch immer darum herum war), die (warum auch immer) plötzlich die Idee hatte, zu explodieren, sodass im Laufe von Jahrmilliarden unser Universum entstand und weiter am Entstehen ist[7].

---

6 Der Spruch ist von mir und ich bin ziemlich stolz darauf...
7 Wer sagt denn, dass die berühmten sechs Tage der (biblischen) Schöpfungsgeschichte wirklich Erdentage waren...?

Also auch alles, was mit der Milchstraße, unserem Sonnensystem, und unserer Erde zu tun hat.
Und also auch alles, was mit Leben auf unserem Planeten zu tun hat.

Also auch Mikroorganismen, Pflanzen, Tiere und schlussendlich wir Menschen.

Das kann doch nur bedeuten, dass alles miteinander zusammenhängt, da alles, wirklich alles den selben Ursprung hat, wobei es völlig egal ist, ob man dies religiös, spirituell oder wissenschaftlich schlussfolgert.

Nimmt man diese Erkenntnis zu Grunde, wird es immer schwieriger, die merkwürdigen Possen mancher Menschen nachvollziehen zu können, ihre zwanghaften Anwandlungen von Separatismus und teils pathologischer Egomanie.

Natürlich gibt es hier aktuell 7,x Milliarden Menschen auf diesem Planeten.

Natürlich gibt es Staaten und Menschengemeinschaften, die alle mehr oder weniger individuell existieren möchten und (wage ich zu behaupten) sich dabei wohlfühlen wollen.

Ich verstehe nur nicht, wieso dies so oft auf dem Rücken anderer Menschen geschieht, die doch auch genau die selben Rechte haben zu existieren.

Es ist doch alles da!

***

3. Religion und Glaube

Δ

Als Nietzsche behauptete „Gott ist tot" meinte er den religiösen Gott.

Den Gott, der Adam und Eva aus dem Paradies vertrieb, da sie es wagten vom verbotenen Baum der Erkenntnis zu essen.
Welcher Gott ist so perfide, erst etwas interessantes zu erschaffen, nur um es dann zu verbieten und sich hinterher diebisch darüber zu freuen, den „Sündenfall" bestrafen zu können...?

Den Gott, der Abraham zwang, seinen Erstgeborenen zu opfern (und erst im allerletzten Moment dazwischen ging), um seinen Glauben zu beweisen und den Gott, der dann irgendwann später die Plagen über Ägypten losließ, um dann am Ende sogar deren Erstgeborene umzubringen.

Den Gott, der immer dann herangezogen wird, wenn es darum geht, Menschen anderen Glaubens oder „Ungläubige"[8] zu diffamieren, zu misshandeln oder gar zu töten.

Den Gott, dem mindestens zwei große Glaubensrichtungen dieses Planeten Vorhäute „opfern"[9].

Ich frage mich dann immer, was das für ein seltsamer Gott sein muss, der Vorhäute sammelt und was, zum Teufel, macht er dann damit...?!?

---

8 Es gibt keine „Ungläubigen". Jeder glaubt an irgendetwas und am besten an sich selbst, was man dann übrigens Selbstliebe nennt und nicht etwa Egoismus.
9 Mal ehrlich: Wenn Gott gewollt hätte, dass etwas geopfert werden muss, um den „Bund" zu besiegeln und dass die männliche Spezies vorhautlos auf diesem Planeten wandelt, dann hätte ER/SIE/ES erst gar keine erschaffen oder sich etwas ganz anderes überlegt. ...

Ich selbst bin evangelischer Christ, getauft und konfirmiert und immer noch kirchensteuerzahlendes[10] Mitglied meiner Gemeinde.

Ich bin sehr gläubig, aber eben überhaupt nicht (mehr) religiös.

Ich wurde sehr religiös erzogen, bin sonntags immer brav in den Kindergottesdienst gegangen und habe abends brav gebetet und ich habe mein möglichstes getan, um „sündenfrei" zu leben (was mit zunehmendem Alter seltsamerweise immer komplizierter wurde...).

Ich habe die Bibel und den Koran gelesen, bzw. es zumindest mehrfach versucht und bin auch ziemlich weit gekommen, bis mir dann immer

---

10 Sie wissen schon: „wenn das Geld im Kasten klingt, die Seele aus dem Fegefeuer springt". Ich mache das vorsorglich, nicht, dass die „Hölle" dann doch noch existiert...

der Kopf dröhnte von all den Namen oder den ganzen Verhaltensvorschriften.

Verstehen Sie mich bitte richtig, ich achte und wertschätze Religionen als sinnstiftende und wohltätige Einrichtungen, nicht aber das, was Menschen so oft daraus machen.

Es ist irrelevant, ob man die Wesenheit, den Schöpfer allen Seins, nun Jahwe, Gott, Allah oder sonstwie nennt, ER/SIE/ES ist der Grund der Existenz an sich und somit weder zwangsläufig jemand, der unsere Geschicke lenkt, noch darauf bedacht ist, wie wir uns zu verhalten haben, denn wir alle sind aus der selben Quelle und mit allem ausgestattet, was wir brauchen, um bewusste Entscheidungen zu treffen, nämlich mit dem freien Willen.

Mit einem freien Willen kann ich mich unabhängig von allen Doktrinen entscheiden, welcher Mensch ich sein möchte.

Oder, wie es mein Neffe einmal treffend formulierte: „Ich brauche doch kein Gebot, das mir sagt, ich solle niemanden töten, schließlich will ich ja auch nicht umgebracht werden."

Und sieht man sich die zeitliche Relevanz an, in der die einzelnen „Gottesbücher" entstanden sind, versteht man besser deren Inhalte.

In Zeiten der Schweinepest und der Frage der Haltbarmachung, vor allem in heißen Gebieten, war es sicherlich sinnvoller, zur Vorsicht auf Schweinefleisch ganz zu verzichten.

In Zeiten von unsauberen Lebensmitteln und den jeweiligen hygienischen Umständen war es sicherlich sinnvoller, Essen getrennt voneinander zu lagern und zuzubereiten.

Und da Alkohol bekanntlich aus manchen Menschen üble Gesellen werden lässt, ist das Gebot eines völligen Verzichtes darauf ja auch einfach nur konsequent.

Ich sage nicht, dass das alles in Frage zu stellen ist. Ich behaupte lediglich, dass es sinnvoll sein könnte, sich den Ursprüngen bewusst zu werden und diese in die heutige Zeit zu transferieren.

Also zu hinterfragen und den freien Willen walten zu lassen, anstatt sich vorschreiben zu lassen, wie man zu sein hat, um „dereinst im Himmelreich Einlass zu erhalten", denn schließlich verpasst man damit womöglich den Anschluss an die gegenwärtige Zeit, in der man sich auf- und verhalten muss.

Natürlich sind auch heute noch einige Dinge, die gesagt wurden, absolut zeitgemäß und sinnvoll, wie zum Beispiel die Nächstenliebe

(„richtig" verstanden)[11] oder die Regelungen zum friedvollen und wertschätzenden Miteinander.

Aber wieso verstehen dann das so viele Menschen noch so anders?

Ist es wirklich einfacher, sich sagen zu lassen, was man tun darf und was nicht?

Ist es wirklich notwendig, Menschen in Angst (vor der Verdammnis) oder in Wut auf Andersgläubige (Andersdenkende) zu halten, vielleicht gar, um sie besser lenken zu können?

Obacht!, denn dieser Schuss geht schon seit Jahren nach hinten los...

---

11 Liebe Gott: Wertschätze die Existenz als ein Wunder.
Liebe Dich selbst: Wertschätze Dich selbst als ein einzigartiges Wesen.
Liebe die Anderen: Wertschätze Dein Gegenüber als Teil Deines Selbst, denn sonst hättest Du ja nichts mit ihm zu tun...

Ich habe mal einer katholischen Taufzeremonie beigewohnt. Am besten fand ich die Stelle, in der der Pfarrer inbrünstig intonierte und die Eltern fragte: „...und schwörst Du dem Satan ab, mit all' seinen Versuchungen?"

Herrlich...

***

4. Kulturelle und staatengebundene Eigenheiten

„Wer zu spät kommt, den bestraft das Leben", ist ein Spruch, den wir hierzulande häufig kennen.

Werde ich aber in asiatischen Ländern, z.B. in Japan oder China, zu einer bestimmten Uhrzeit eingeladen, so ist es äußerst unhöflich und stellt manchmal sogar einen Affront dar, dann tatsächlich zum vereinbarten Zeitpunkt zu erscheinen, denn damit rechnet absolut niemand.

In Asien essen die Menschen überwiegend gut hörbar mit offenen Mund, da dies als höflich gegenüber dem Koch gilt, es ist ein Zeichen dafür, dass es den Menschen schmeckt.

Hierzulande wird dies eher als unhöflich empfunden, auch wenn Luther noch zu seiner Zeit postulierte: „Warum rülpset und furzet ihr nicht, hat es euch nicht geschmacket?"

Jede Kultur, jedes Land hat seine individuellen Eigenheiten im Sein und im Selbstverständnis. Das ist auch gut so, denn Einheitsbrei widerspricht der menschlichen Vielfalt und der Vielfalt des Lebens.

Es gibt immer nur dann Probleme, wenn im gegenseitigen Kontakt diese Informationen fehlen oder gar bewusst ignoriert werden.

Mache ich in Deutschland eine Geste, indem ich Zuspruch durch das Berühren von Daumen und Zeigefinger signalisiere (die dann einen Kreis bilden, um ein O wie Okay zu bilden), bekomme ich z.B. im nicht weit entfernten Italien vielerorts arge Probleme damit, da dies dort schlicht und ergreifend „Arschloch" bedeutet...

Sogar in der Tauchersprache bedeutet „Daumen hoch" etwas anders als sonst, nämlich „Auftauchen" und nicht „Super" (das wiederum wird dann mit oben erwähntem Daumen- und Zeigefingerkreis kommuniziert…).

Auch wenn dies für manche seltsam oder gar bedrohlich wirkt, ist es in einigen Ländern Brauch und Sitte, dass Frauen ihren Kopf bedecken oder sich verschleiern[12].
Akzeptiere ich dies nicht, so akzeptiere ich Menschsein nicht.

Jedes Land, jede Kultur hat ihre eigenen Sitten und Bräuche, die es zu achten und wertzuschätzen gilt, denn wer sind wir Menschen, dass wir andere be- und verurteilen, nur weil sie anders leben und handeln als wir es gewohnt sind.

---
12 Meine eigene Mutter und deren Mutter oder die Mutter meines Vaters sind oft noch mit Kopftuch rausgegangen, das war auch noch vor ein paar Jahren in Deutschland so üblich.

Schwierig wird es immer nur dann, wenn Erwartungen an den anderen gestellt werden, wie er sich zu verhalten hat.

Mir persönlich ist es völlig egal, wie sich jemand kleidet. Ich kaufe auch ein bei einer oder lerne von einer Frau mit Schleier. Warum denn auch nicht?

Es ist kleingeistig, immer noch im „Kleider-machen-Leute-Modus" zu denken und zu handeln, denn das würde ja bedeuten, dass man immer vom Außen auf das Innen schließen kann.

Ganz ähnlich wie:
„Schönheit vergeht, Dummheit bleibt".

Natürlich ist es auch eine Form des Ausdruckes der Welt, also der Umgebung gegenüber, wenn sich z.B. ein Punk einen Irokesenschnitt verpassen lässt oder sich die Haare grün färbt, oder wenn ein Mensch sich Dreadlocks zulegt.

Es ist eine Äußerung des Innen.

Es geht nur um die Bewertung dessen und welche Bewertungsraster ich ansetze darauf.

Und wer sagt denn, dass diese dann die „richtigen" sind?

Die Art, wie jemand entscheidet, was „richtig" und „falsch" ist, ist aus dem gesamtgesellschaftlichen Kontext heraus zu verstehen, in dem der jeweilige Mensch aufgewachsen ist. Er hat die kulturellen und staatlichen Besonderheiten seines jeweiligen Landes, in dem er geboren bzw. aufgewachsen ist, einfach nur verinnerlicht.

Da gibt es kein „richtig" oder „falsch".

Diese Besonderheiten dann aber als allumfassend gültig zu sehen, ist mehr als nur vermessen, wenn nicht gar total bescheuert.

Ich kenne noch Schulbücher von früher, in denen Menschen mit angeboren dunkler Hautfarbe als Neger bezeichnet wurden. Heute ist dieses Wort bekanntlich ein Schimpfwort bzw. politisch inkorrekt, obwohl sich unser „ein bisschen Spaß muss sein" Roberto Blanco einmal darüber aufregte, dass er ja nun keine „Negerküsse" mehr verteilen dürfe...

Wir hier schütteln den Kopf von links nach rechts (und natürlich umgekehrt), um eine Verneinung darzustellen und nicken mit ihm, um etwas zu bejahen. In vielen Ländern ist es genau umgekehrt.

Streichelt man in einigen asiatischen Ländern kleinen Kindern über den Kopf, was bei uns als ein Zeichen der Zuneigung gilt, beleidigt man damit das Kind und seine Eltern.

Dort gilt es auch oft als ein Zeichen von Schwäche, wenn man sich in aller Öffentlichkeit die Haare richtet.

Sie sehen, es existiert eine Vielzahl von kulturellen Eigenheiten, die, wenn man nicht um sie weiß, zu vielen ärgerlichen oder peinlichen Verwicklungen führen können.

Da denkt man an nichts böses, kommt, „typisch Deutsch" pünktlich und beleidigt dabei, ohne es zu wissen, seine Gastgeber zutiefst oder regt sich lautstark über das Geschmatze um einen herum auf, nimmt die „unreine" Hand, um sich die Speisen in den Mund zu führen, streichelt dem Kind wohlmeinend über den Kopf oder isst beim Thai nebenan mit Stäbchen…

Ich arbeitete eine zeitlang auch mit asylsuchenden Familien. Die Arbeitszeit musste dann häufig (für das Jugendamt) vom Kunden gegengezeichnet werden. Es war zum Verrücktwerden, da diese oft völlig selbstverständlich nur mit ihrem Vornamen unterschrieben und ich jedes mal mühselig darauf hinweisen musste, dass das in Deutschland nicht genügt. Die Kunden andererseits waren dann jedes mal konsterniert und sagten dann: „wieso, das ist doch mein Name, was soll das, Nachname?"

Ich kenne z.B. eine Familie, Eltern verheiratet, alle Kinder innerhalb der Ehe vom selben Mann, in der die Mutter so heißt, Kind eins so, Kind zwei so und Kind drei so mit „Nachnamen".
Ganz schön kompliziert, vor allem, wenn man dann hier Anträge für Kindergeld ausfüllen oder sonst irgendwas beantragen oder abschließen will...

***

5. Die Mär von den knappen Ressourcen
‰

Ich war einige Jahre lang freiberuflich auch als Workshop- und Seminarleiter für die Industrie- und Handelskammer Wiesbaden tätig, für den sogenannten „IHK-Wirtschaftsführerschein".

Zum Auftakt waren dann immer alle teilnehmenden Schulen mit den entsprechenden Schülerinnen und Schülern und Lehrkräften zu einer festlichen Veranstaltung im großen Saal der Wiesbadener Oper (oder Kurhaus oder Theater, ich verwechsele das komischerweise immer) versammelt und es wurden die obligatorischen Einführungsreden und Begrüßungen vorgetragen und ich glaube, ich hatte sogar mal ein Hemd an...

Einer dieser Tage ist mir nachhaltig im Gedächtnis geblieben, nämlich der Tag, als einer der Verantwortlichen, oben auf der prächtigen Bühne stehend, die Definition von Wirtschaft mit knappen Worten formulierte:

„Wirtschaft heißt, den Mangel verwalten".

Da scheinbar anschließend niemand außer mir, völlig sprachlos und komplett baff ob solch schonungsloser Offenheit war, wunderte mich dann schon sehr, bedeutete doch dies schlussendlich, dass Kapitalismus und also auch unsere hier propagierte „soziale Marktwirtschaft"[13], vielleicht sogar bewusst, Mangel an etwas erzeugen oder vortäuschen MUSS, um zu funktionieren.

Ich erwähnte ja bereits, dass ich es gewohnt bin, manche Dinge anders wahrzunehmen als es andere tun, doch diese Erkenntnis hat mich dann doch echt umgehauen.

---
13 Man kann von dieser merkwürdigen Wortkombination halten, was man will…

Und wie es bei „augenöffnenden Umständen"
nun mal so ist, war die Welt danach nicht mehr
die selbe...

Auf einmal fiel mir immer häufiger (kein Wunder, wenn man den Fokus darauf lenkt) auf,
wie genau Angebot und Nachfrage funktionieren bzw. generiert werden.

Ich hatte plötzlich einen ganz anderen Blick
auf Werbung oder die prall gefüllten Regale in
Supermärkten[14].

Auf den sogenannten „Fachkräftemangel" bin
ich ja schon in meinem ersten Buch eingegangen, aber das Mangel als ein vorherrschender
Fakt zum Funktionieren einer kaufkräftigen
Gesellschaft zwingend notwendig sein soll,
war dann doch ein Novum für mich.

---
14 Wer zum Teufel braucht gefühlte Fünfzigmillionen
verschiedene Joghurtsorten, verpackt in gefühlte Fünzigmillionen verschiedene Verpackungssorten...!?!

Kennen Sie den Film von John Carpenter, „Sie leben" (1988)? Der Held des Films ergattert eine spezielle Sonnenbrille, die es ihm ermöglicht, die sonst versteckten Subbotschaften in Werbetafeln u.ä. wahrzunehmen, die allesamt suggerieren: „Konsumiere!" „Schlafe weiter!" Und auf den Geldscheinen steht: „Dies ist Dein Gott!"

Der Plot dabei ist: Die Welt wurde von Außerirdischen infiltriert, mit denen die menschlichen (Regierungs-)Verantwortlichen kooperieren, um den gesamten Planeten auszubeuten.

Eine schöne Parabel.

Natürlich wird es irgendwann einmal kein Erdöl mehr geben, wenn man es tonnenweise ineffizient den Schornstein/Auspuff hinausjagt und sich um sämtliche manchmal schon erstaunlich lange existierenden Alternativen[15] mehr oder weniger einen Dreck schert.

Natürlich wird es irgendwann einmal keine Erze oder anderen Bodenschätze mehr geben, wenn diese aus den daraus hergestellten Produkten später dann nicht wieder sinnvoll recycled werden.

Natürlich wird es irgendwann einmal kein sauberes Trinkwasser mehr geben, wenn wir sogar im Prinzip hochgiftige Klosteine in unsere Schüsseln hängen, damit dann alles so schön riecht und sauber ist.

Das hessische Komikerduo „Badesalz" hatte mal einen schönen Slogan in einem ihrer Programme:

---
15 Wussten Sie, dass man mit hochverdichteter Wassereinspritzung, wie es z.B. im 2. Weltkrieg noch gang und gäbe war, massenhaft Sprit einsparen kann? Diese Technik wird heute noch teilweise im Motorsport angewandt, aber warum denn nicht in „Alltagsfahrzeugen?...

„Am Abgrund der Dummheit".

Die einen leiden Hunger, während die anderen tonnenweise Lebensmittel wegwerfen (Stichwort „Butterberg" u.ä.), wobei die Erzeugung dieser Güter teilweise sogar staatlich subventioniert wird.

Das ist ja dann wie doppeltes Wegwerfen...

Es existiert kein Mangel an irgendetwas, es ist lediglich eine Frage des Verteilens der Dinge.

Ich bin wahrlich kein Kommunist, meins ist meins, aber eine Verschwendung von Ressourcen, wie wir sie heute tagtäglich erleben müssen, ist in meinen Augen zwanghaftes Konsumverhalten.
Zugegeben, auch ich fahre manchmal mit dem Auto zum Bäcker, aber wenigstens kaufe ich regional und möglichst saisonal ein (teilweise

sogar günstiger!) und eher beim Direkterzeuger, als schön in Celluphan eingepackte „Bioware" von sonstwoher zu wählen.

Auch die Energieversorgung sollte dezentralisiert werden, denn wenn alle dafür sinnvoll nutzbaren Flächen an Häusern und sonstigen Gebäuden etc. mit hocheffizienten und vielleicht sogar „schicken" Solaranlagen bestückt würden, oder jeder für sich kleine Windanlagen[16] aufbauen dürfte, dann wäre die Diskussion über den sogenannten Energiehunger der Industrienationen bzw. Menschheit wohl obsolet.

---

16 Nicht die großen, hässlichen und recht ineffizienten, die man fast allerorts finden kann und die auch noch durch ihre Vibrationen im Bodenbereich unglaubliche Verwirrung u.a. bei den Insekten hervorrufen, von den unbekannten Auswirkungen auf die Mikrobiologie ganz zu Schweigen.
Oder die Windparks im Wasser: Kein Mensch kann vorhersagen, was das langfristig gesehen für Auswirkungen auf die Meeresbewohner haben wird.

Ein guter Freund von mir sagte einmal zum Thema Elektromobilität etwas sehr genial Logisches: „Weißt Du Ralf, das mit den Elektroautos kann doch nur funktionieren, wenn man zu Hause oder auf der Arbeit kostenfreien und sauberen Strom selbst erzeugen und auch dafür nutzen kann. Ansonsten macht das doch überhaupt keinen Sinn, das Ganze".

Recht hat er!

Mangel an etwas wurde scheinbar schon mit der Muttermilch aufgesogen und verinnerlicht.

Das heute noch aktuelle Smartphone ist morgen schon völlig veraltet.
Die aktuelle Spielekonsole ist, sobald eine neue herauskommt, völlig uninteressant geworden.
Und es wird immer noch Werbung für riesige, spritschluckende Monster-Autos gemacht und stolz darauf hingewiesen, dass diese „nur"

soundosviele Stickoxide oder sonstwas pro Liter Kraftstoff bzw. gefahrenem Kilometer freisetzen.

Himmelherrgottnochmal…

John Carpenter wusste es damals schon:

Sie leben.

Wer auch immer „Sie" sind…

***

6. Warum Verschwörungstheorien so interessant sind

3

Du lieber Himmel, was habe ich schon für einen Mist gehört, gelesen und gesehen, von Illuminaten, Bilderbergern, Freimaurern, Zionisten usw., denen natürlich allesamt sehr an der Übernahme der Weltherrschaft gelegen ist (wenn dies nicht sogar schon vor langer Zeit bereits geschehen ist...) und die uns heimlich und äußerst geschickt, sozusagen „aus dem Off", manipulieren in ihrem sehr großen Monopolyspiel, genannt Leben.

Ich habe nicht die geringste Ahnung, was an der ganzen Sache dran ist. Ich weiß nur, mein eigener Großonkel war Freimaurer, 32. Grad schottischer Ritus und er war ein toller Mensch. Und wenn ihm an der Weltherrschaft gelegen wäre, hätte er es mit Sicherheit sinnvoller gemacht als viele, die es aktuell tun...

Was aber machen diese Verschwörungstheorien so interessant? Was ist dem Menschen zu eigen, der lieber an seine eigene Ohnmacht glaubt und zeitgleich an die Macht der „Anderen"?

Es ist natürlich verführerisch zu glauben, dass es (neben einer ominösen Gottheit) auch „echte" Menschen gibt, die uns manipulieren und lenken können. Dann sind wir ja gar nicht „Schuld" an irgendetwas, was in der Welt geschieht, dann haben wir ja gar keinen Anteil an der Misere, die wir salopp unsere Existenz nennen.

Es ist tatsächlich so, dass sehr wenigen Menschen auf diesem Planeten der Großteil des Kapitals gehört,[17] da kann man schon auf den

---

17 Einfach mal im Internet entsprechende Schlagworte eingeben...

ein oder anderen verschwörerischen Gedanken kommen...

Zugegeben, an der großen Katastrophe vom 11. September 2001[18] in New York sind einfach zu viele Ungereimtheiten. Mir persönlich ist es aber völlig egal, wie diese zustande kam, denn tot sind die Menschen trotzdem und das Leid und der Kummer der Angehörigen ändert sich auch nicht dadurch, egal, welchen „Nutzen" dies für irgendjemanden vielleicht hatte.

---

18 Die Quersumme des vollständigen Datums ergibt 23, übrigens eine „verschwörerische Illuminatenzahl"...

In Deutschland gibt es seit einiger Zeit (wieder[19]) auch so etwas wie eine Verschwörungstheorie. Da wird, vor allem von Anhängern einer, wenn Sie mich fragen, völlig überflüssigen Partei und auch von diversen „patriotisch-europäischen Bewegungen", das Wort „Lügenpresse" propagiert.

Das würde ja bedeuten, dass ALLE Medien korrumpiert sind und keiner Nachricht mehr zu trauen sei.

---

19 Die sogenannte „Dolchstoßlegende", die Herr Schicklgruber gerne in seinen Argumentationen anführte, war ebenfalls so eine Verschwörungstheorie, auch wenn das heute noch die neuen Ewiggestrigen nicht hören wollen...
Und noch eine Anmerkung: wieso wird Nationalsozialist eigentlich mit Nazi abgekürzt? Nennen wir sie doch in Zukunft einfach Naso, respektive dann Neo-Naso, das macht wortgerecht viel mehr Sinn und bezeugt besser die Sinnentleertheit dieses „dekadenten" Gedankengutes und der Menschen, die diesem nachhängen, egal in welchem Land, in welcher Hautfarbe und in welcher Nationalität.
P.S.: dekadent bedeutet übrigens, wörtlich übersetzt, unter anderem auch entartet/im Verfall begriffen...

Da würde ich aber auch ver-rückt werden, sein und bleiben (wollen)...

Auch interessant ist die Tatsache, dass es immer mehr sogenannte „Reichsbürger" gibt, die sich darauf berufen, dass die Bundesrepublik „eigentlich" nur eine GmbH unter einem Protektorat der ehemaligen Besatzungsmächte sei, deren Gesetze dann logischerweise ignoriert, da unrechtmäßig, werden können.

Ich weiß nicht, aber solange es solche Menschen gibt, bin ich dann doch froh, dass es überhaupt irgendwelche Gesetze gibt.

Gesetze, die ja auch unser friedliches Miteinander regeln sollen und, so wie es aussieht, auch immer noch dringend gebraucht werden.

Braucht der Mensch eine „höhere Macht", da er sie selbst scheinbar nicht besitzt?

Ist es leichter auf „die Regierenden" (auch die „unsichtbaren") zu schimpfen, als seinen freien Willen zu gebrauchen?

Ist ein „Wutbürger" zwangsläufig bescheuert oder eben nur desinformiert?

Es ist eben äußerst schwierig, wenn man nichts und niemandem mehr trauen will, sich irgendwo in irgendeinem Staat oder einer Gemeinschaft zu verorten.

Da beißt sich dann sozusagen die Katze in den Schwanz.

Ach ja, noch eines zu „Versprechungen", wie sie z.B. in Wahlkämpfen oder ähnlichem gegeben werden:
Jeder Mensch könnte doch danach dann, ganz im Wortsinne, einfach behaupten:

„Oh, da habe ich mich wohl versprochen…".

***

7. Macht kommt von machen

„Macht korrumpiert"

„Machtmissbrauch"

„Wissen ist Macht"

„Das ist doch nur ein Machtspiel"

„Jetzt mach' doch mal"

„Das macht doch nichts"

„Selbstermächtigung"

Ja was denn nun?

Ist Macht gut oder schlecht, hell oder dunkel[20]?

Es kommt, wie immer, natürlich auf den Standpunkt an (und den Blickwinkel...).

Benutze ich mein Machen (denn von nichts anderem leitet sich das Wort her, wenn Sie mich fragen) dazu, mich selbst über andere auf de-

---
20 Frei nach Jedimeister Yoda: „Es gibt nur die eine Macht und sie ist einfach nur da. Es sind Deine Entscheidungen, die sie hell oder dunkel werden lässt."

ren Kosten zu erhöhen, mich zu bereichern, mich mit „allen Mitteln" an die Spitze zu setzen und so weiter und so fort, dann missbrauche ich meine natürliche Macht, also mein Machen wird zum Vehikel meiner Selbstbefindlichkeit.

Interessanterweise sind Menschen, die ihre Macht missbrauchen oft diejenigen, die über kein bis kaum Selbstwertgefühl verfügen, sodass sie sich ständig im Wettbewerb mit anderen messen und vergleichen müssen, um ihren Platz in der Gesellschaft (Beziehung, Job, etc.) immer wieder neu zu verorten.

Sie trauen sich sozusagen selbst nicht über den Weg...

Egoisten können niemanden neben sich dulden.

Menschen aber, die der Selbstliebe mächtig sind, gönnen dies allen anderen auch.

Das ist der kleine, aber feine Unterschied.

Wie bereits weiter oben erwähnt, scheint es einfacher oder bequemer zu sein, seine Macht an „die anderen" abzugeben. Seien es die Politiker und ihre Parteien, sei es „der Staat", sei es in einer Beziehung der Partner oder auch im Erwachsensein immer noch den eigenen Eltern.

„Was soll ich denn machen? Ich kann ja doch nichts tun!"

Selbstbewusstsein, im eigentlichen Wortsinne nämlich sich-seiner-Selbst-bewusst-sein, mit allem was dazugehört und aller Selbstreflexion, kann da sehr nützlich sein...

Im ZDF[21], gab es die Kindersendung „Rappelkiste".

Mir ist eines in sehr guter Erinnerung geblieben: Da waren Kinder auf ein anderes Kind neidisch und immer, wenn dieses Kind etwas machen wollte, sangen die anderen Kinder:

„Das kannst Du nicht, das darfst Du nicht, lass das sein!"

...und prompt ist der Kleine dann gestolpert, vom Fahrrad oder vom Baum oder vom Zaun gefallen, auf dem er gerade noch supertoll balanciert hatte...

Schön, nicht?!?

---

21 das konnte ich als kleiner Bub immer nur bei den Nachbarn oder meinem Cousin schauen, da wir nur die ARD empfangen haben. Ehrlich jetzt!

Haargenau so funktioniert aber auch Erziehung…

Wenn ich immer nur gesagt bekomme, was ich nicht darf oder kann, dann glaube ich irgendwann, dass dies tatsächlich so ist und verinnerliche gleichzeitig damit, dass andere über mein Sein entscheiden (ich gebe meine Macht ab).

Überschwängliches Lob aber, zum Beispiel wenn jedes kunstfreie Gekritzel plötzlich den neu aufgehenden Stern am Künstlerhimmel anzeigt oder wenn die Eltern Saltos vor Begeisterung über jeden Furz, den das Kind tut, schlagen, bewirkt eben auch ein getrübtes Selbstverständnis.

Hier wird nämlich das Kind vom Lob und der Anerkennung anderer abhängig gemacht. Und wieder verinnerliche ich nur, dass andere über mein Sein entscheiden (ich gebe meine Macht ab).

Die Menge macht sozusagen auch hier das Gift.

Mein Bruder (ich bin mit meinen fast fünfzig Jahren das „Nesthäkchen" von uns dreien) hat mir mal eine Karte geschickt. Auf der Vorderseite stand:

„Alle sagten: Das geht nicht! Und dann kam einer, der wusste das nicht und hat's einfach gemacht."

Auf die Rückseite schrieb er: „ich glaube derjenige warst Du!"

Ich hatte echt feuchte Augen…

Dass ich als Kind schon das ein oder andere mal anders dachte als andere und mir auch mein eigener Vater dann oft nicht folgen konnte und zu mir „Du Dumpfkopf" sagte, hat meinen eigenen Weg nicht unbedingt erleichtert.

Aber schon lange Zeit bin ich ihm (auch jetzt, wo er schon lange nicht mehr ist) für diese „Transferleistung" sehr dankbar, hatte ich doch bereits schon früh dadurch dieses „Machtspiel" als solches erkennen dürfen.

Ich bin früher sehr oft auf Menschen hereingefallen, die NLP (Neurolinguistisches Programmieren) beherrschen.

Da geht man zum Chef und weiß haargenau, dass man mehr Wert ist als diese paar Kröten und kommt mit einem großen Haufen Zusatzaufgaben bei gleichem Gehalt wieder raus und beginnt erst frühestens im Flur sich zu wundern, was zum Teufel da gerade passiert ist.

Manohman, was habe ich es gehasst, das nicht zu bemerken, wenn Menschen, die NLP beherrschen (eine an sich gute Sache, wenn man sie nicht missbraucht), mich nach ihrem Gutdünken manipuliert haben.

Jetzt, nach vielen Jahren in meinem Job und dem ganzen Rest, bin ich aufmerksamer, wacher und (selbst)bewusster und könnte nun sogar auch manipulieren, tue es aber nicht, da ich ja weiß, wie sich das anfühlt.

Heute begnüge ich mich damit, Impulse zu senden, damit andere gefälligst machen was ich will und dabei auch noch denken, es sei ihre eigene Idee gewesen. ;-)

Macht kommt von machen.

Es kommt nur darauf an, dass wir etwas machen und woraus.

Und vor allem, dass unser Machen, also unsere Macht, nicht nur uns, sondern über kurz oder lang allen zu Gute kommt.

„Mensch, erkenne Dich selbst."

In diesem Sinne:

„Machen ist wie wollen, nur krasser"...

***

8. Wir alle sind Schöpfer

⌘

„Alles, was mit mir zu tun hat, hat etwas mit mir zu tun, sonst hätte es ja nichts mit mir zu tun!"[22]

Es „geschieht" oder „passiert" nichts, aber auch rein überhaupt gar nichts „einfach so".

Es macht alles einen Sinn, egal, ob wir diesen selbst erkennen oder nicht.

Wir erschaffen jeden individuellen Augenblick unseres Erlebens, ob wir uns dessen bewusst sind oder nicht.

…und…: ob wir das wollen oder nicht.

Jedes Zusammentreffen, ob von Ereignissen und/oder Menschen, ist sozusagen eine Botschaft an uns selbst.

---

22 Das ist einer meiner liebsten eigenen Sprüche, der macht so schön deutlich, worum es geht.

Die Frage hierbei lautet entweder:

Was hat das Geschehen mit mir zu tun?

Oder:

Was hat der Mensch mit mir zu tun, bzw. was hat er mir zu sagen, also: Was ist die Botschaft, die dieser Mensch, jetzt, haargenau in diesem Augenblick, für mich hat?

Was soll mir zum Beispiel die Gleichzeitigkeit diverser Vorfälle, eventuell von einer kaputten Waschmaschine, dem Blechschaden am Auto mit Fahrerflucht und einer schiefgegangenen Gehaltsverhandlung mit meinem Chef sagen?

„Warum immer ich?"

Oder eher

„Wieso gerade jetzt und wieso gerade dies und nicht etwa das?"

Um es anders herum auszudrücken: Mit Wünschen ist es so eine Sache, manche gehen tatsächlich in Erfüllung.

Was wäre denn zum Beispiel, wenn man sich mehr Leben und Aufregendes in seinem Leben gewünscht hat, dann wäre doch oben genanntes Beispiel ein guter Ausdruck dafür...

„Ja, sooooo hab' ich das aber nicht gemeint!" und „Ja, sooooo hab' ich mir das aber nicht vorgestellt!"

Ja wie zum Teufel soll denn das Universum in seiner Funktion als permanenter Wunscherfüller überhaupt wissen, was genau Du denn damit gemeint hast? Wenn Du es schon nicht weißt, wer denn dann? Schließlich ist doch jetzt definitiv mehr leben in Deinem Leben oder etwa nicht?!...

Psychosomatik ist ebenfalls so ein Prinzip.

Warum werde ich hundertmal *nicht* krank, wenn ich mit schniefenden und triefenden Zeitgenossen den Raum teile und ein andermal schon?

Wieso knicke ich gerade jetzt mit dem Fuß um, wo ich doch gerade jetzt „festen Stand" brauche?

Wieso habe ich gerade jetzt Fieber, wenn ich doch gerade einem wichtigen Ereignis „entgegenfiebere"?

Es gibt in unserem Sprachgebrauch genügend weitere Hinweise darauf, dass diese Zusammenhänge schon lange bekannt sind.

Zum Beispiel:

„Dir ist wohl etwas auf den Magen geschlagen."

„Das konnte ich nur ganz schwer verdauen!"

„Welche Laus ist Dir denn über die Leber gelaufen?"

„Ich hab' die Nase voll!"

„Ich kann es nicht mehr hören!"

„Ich kann es nicht mehr sehen!"

„Ich kann den/es nicht (mehr) riechen!"

„Das bereitet mir Kopfzerbrechen!"

„Was trägst Du denn mit Dir herum?"

„Was bist Du denn so unflexibel (halsstarrig)?"

…

Alles Hinweise darauf, dass man sein eigenes Leben und auch die eigene Gesundheit selbst in der Hand hat.

Ich rede hier nicht nur von gesunder Lebensführung, sondern auch und vor allem von Psychohygiene, im Sinne von „Ich habe mein Leben selbst in der Hand und gebrauche es bewusst und weise."

Auch hier gilt also, ich kann nun niemandem mehr die Schuld an einem Zustand geben, der mich selbst betrifft.

Ich habe die Macht und die Fähigkeit dazu, mein eigenes Leben so zu erschaffen, wie ich das möchte.

Aber natürlich immer nur in dem Rahmen, in dem ich mich befinde (den ich mir zwar auch ausgesucht und „erschaffen" habe, aber das führt jetzt echt zu weit...).

Ich kann mich eben noch so sehr anstrengen und meine Realität erschaffen, aber ich werde wohl niemals der Kaiser von China sein oder der Präsident der USA oder der erste Mensch auf dem Mond.

Aber ich kann alles dafür tun, dass ich die (nächst)beste Version meiner Selbst werde.

Von Tag zu Tag.

Von Stunde zu Stunde.

Von Minute zu Minute.

Von Sekunde zu Sekunde.

Von Augenblick zu Augenblick.

Schlussendlich im permanenten Jetzt der Mensch 2.0 werden zu wollen und immer bessere Versionen des eigenen „Gesamt-Ichs" zu entwickeln.

In diesem Sinne:

„Wer immer nur das tut, was er kann,

bleibt immer nur der, der er ist."[23]

Also:

„Lebe Dein Leben oder es lebt Dich!"

***

---

23 Leicht abgewandelt zitiert nach Henry Ford. Auch wenn er der Erfinder des vermaledeiten 3-Schicht-Systemes und der Fließbandarbeit ist, ein echt guter Spruch.

9. Interaktion in Beziehungen & Mobbing
⇔

„Am Ende kann immer nur der Mobbende der wahre Loser sein. Schafft er es doch nicht und ist zu ängstlich und zu schwach, sich aus eigener Kraft zu erhöhen und muss andere zu sich herunterziehen, um sich größer zu fühlen."

Wer lebt, interagiert.

Mit sich, mit anderen und mit seiner Umwelt.

Ein Mensch ist ein Individuum, welches unter anderem aus der sozialisierenden Prägung des Elternhauses und der erweiterten familiären Strukturen, der Kindergarten-, Schul- und Berufslebenzeit, dem Freundeskreis, möglicherweise auch aus einem Vereinsleben und den jeweils aktuellen gesellschaftlichen, umweltlichen und politischen Begebenheiten hervorgeht.

Dieser Prozess – eine Kernaussage meines ersten Buches – geschieht permanent.

Ständig muss sich das Individuum in seine Welt hinein verorten (mehr dazu im folgenden Kapitel), sich entscheiden, wer es sein möchte, wie es sein möchte und wann es wie sein möchte.

Das bedeutet, dass ich als Individuum, als Mensch, jederzeit die Möglichkeit habe, mich nach meinem freien Willen zu verhalten, denn ganz ähnlich, wie es der gute, gute Paul Watzlawick ausdrückte:

„Man kann sich nicht nicht-verhalten."

Übrigens ist das Wort „Beziehung" tatsächlich und immer wortwörtlich zu nehmen: Sobald ich in Kontakt mit einem anderen Lebewesen trete, also mit ihm interagiere, *beziehen* sich meine Interaktionen auf mich und auf dieses Lebewesen.

So sind also alle sozialen Kontakte Beziehungen, da Sie sich als Mensch ja *aufeinander beziehen*, Sie und Ihr Gegenüber, egal, ob Sie in einer Liebes- oder sonstigen Verbundenheit zum Gegenüber stehen.

Das funktioniert übrigens auch prima mit Tieren und Pflanzen, das „In-Beziehung-Treten", bzw. das Interagieren.

Das bedeutet, dass es keinen Kontakt ohne Beziehung zueinander geben kann, denn jedwede Kontaktanbahnung stellt– selbst wenn es die Aussage „Du bist ein Arschloch!"[24] wäre – in

---

[24] Es ist übrigens ein riesiger Unterschied zwischen der Aussage „Du bist ein...!" und der Aussage „Du verhältst Dich gerade wie ein...!"
Das Erste stellt eine unwiderrufliche Kernaussage über den Charakter eines Menschen vom Anbeginn der Zeit bis zum Ende seiner Existenz dar, das Zweite eine Verhaltensbeschreibung des Augenblickes. Zweiteres lässt

gewisser Weise auch immer ein Beziehungsangebot dar.

Nun ist es ja für gewöhnlich so, dass sozusagen Ich ich bin und Du du bist in einer Interaktion.

Doch wer bin ich und wer ist mein Gegenüber?

Ist das zum Beispiel noch der Mensch, dem ich gestern gute Nacht gewünscht habe?
Bin ich noch der Mensch, der gestern gute Nacht wünschte?

Die Antwort ist ein klares NEIN!

Denn, wie es der griechische Philosoph Heraklit so schön ausdrückte:

„Man kann nicht zweimal

in denselben Fluss steigen."

---

dem Aussageempfänger nach diesem speziellen Augenblick die Möglichkeit, sozusagen „wieder aus dieser Schublade heraus zu kommen", ersteres nicht.

Jeder Moment ist einzigartig und kommt niemals wieder, kein Moment der Weltgeschichte wird sich jemals haargenau so wiederholen, wie auch kein Moment des eigenen Lebens sich haargenau so wiederholen können wird.

Das ist nicht möglich.

Es ist zwar möglich, zum Beispiel einen Fehler zigfach zu wiederholen, aber man ist eben nicht mehr derselbe Mensch, der diesen Fehler in der Vergangenheit begangen hat.

Mal ganz davon abgesehen, dass Fehler eher „bereichernde Umwege zum Ziel" sind als irgendetwas anderes.

Wie oft höre ich heute noch den Ausspruch „Der (oder die) hat zuhause die Hosen an."

Das deutet darauf hin, dass ein „Machtgefälle"
in dieser Beziehung besteht, da es scheinbar
dort jemanden gibt bzw. die Art der Beziehungsstruktur es notwendig macht, dass einer/eine das hauptsächliche Sagen und die endgültige Entscheidungsbefugnis hat.

Ich sage weder, dass das gut ist oder schlecht.
Ich weise lediglich auf diesen Umstand hin.

Zur Zeit meiner Eltern war es „selbstverständlich immer nur" der Mann, der die Hosen anhatte, ganz wie zu der Zeit, aus der dieser Spruch kommt, nämlich aus einer Zeit, in der es noch als verwerflich galt, als Frau Hosen zu tragen.

Eine Beziehung ist also auch immer ein Ausdruck von „Machtverhältnissen", wenn man so will.

Kunde → Dienstleister
Chef → Angestellter
Herrchen → Hund
und so weiter...

Es geht aber auch gleichberechtigt, auch in oben genannten Beispielen.
Aber immer nur in Abhängigkeit zu dem Rahmen, in dem ich mich bewege, denn Beziehungsstrukturen, also die Art, wie wir uns aufeinander beziehen, ändern sich in den meisten Fällen, wenn wir Zuschauer haben.

Dann spielen viele Menschen Rollen, wollen „sich präsentieren", „besser aussehen", „besser dastehen" oder (immer wieder gerne in der Pubertät genommen) „cooler sein als andere", weshalb Verhalten dort besonders oft auch schiefgehen kann, im Sinne des oben zitierten Einführungssatzes zum Thema Mobbing.
Oder denken Sie nur mal an die Arbeitswelt...

Ein Machtgefälle in Beziehungen ist nur dann nötig, wenn Sie sich Ihrer Selbst nicht sicher sind, es Ihnen also an Selbstsicherheit fehlt, denn sonst wäre es doch ein Leichtes für Sie, andere so sein zu lassen, wie sie eben sind und jedem das gleiche Recht auch bei Entscheidungen einzuräumen.

Also „gleich-berechtigt" zu sein.

***

10. Wohin, Menschheit?

Eines vorweg: lesen Sie dieses Kapitel bitte wirklich aufmerksam durch und nehmen Sie sich die Zeit, das Gelesene zu reflektieren, denn dieses Kapitel hat es sozusagen „besonders in sich", hat es doch das Potential, einige Denkgebäude, Weltanschauungen und Paradigmen in Nichts aufzulösen, freilich nicht, ohne die dadurch entstandenen „Lücken" mit „neuem" Sinn befüllt zurückzulassen.

Neulich hatte ich auf einer Geburtstagsfeier einen Geistesblitz bezüglich der Frage zum Sinn des Lebens.

Diese hatte ich mir schon oft selbst gestellt und wie sich herausstellte alle anderen Anwesenden sich (natürlich) mehr oder weniger auch.

Nun sagte ein Freund voller Überzeugung, dass der Sinn der Existenz ganz einfach Fortpflanzung sei.

Das hatte ich zwar schon oft gehört, mir fehlte da aber immer etwas ganz Entscheidendes, was mir an diesem Tag irgendwie endlich einfiel, oder besser gesagt, zufiel[25]:

<u>Der Sinn des Lebens:</u>

Die Absicht des Lebens ist Entwicklung.

Für Entwicklung braucht es Information,

Informationen über mich und meine Umwelt,

in der ich mich befinde.

Es gilt also, Informationen zu sammeln über mich selbst und über meine Umwelt, um mich dann „sinnvoll" in meiner Umwelt, meinem Leben verorten bzw. positionieren,

also verhalten zu können[26],

---

25 Im Sinne von: „Einer guten Idee ist es völlig egal, wer sie hat."
26 Das ist nämlich mit Anpassen gemeint: Mit allen Sinnen („sinnvoll") anpassen an meine Umwelt(bedingungen), also quasi eine „ganzheitliche Evolution". Wenn

denn Information ist Energie[27].

Energie ist Information.

Gedanken sind Informationen,

also sind Gedanken Energie.

So baut eine Generation auf der anderen auf,

mit dem Ziel, Informationen weiterzugeben.

Also nicht nur Fortpflanzung zur Arterhaltung,

sondern zur Entwicklung der gesamten Art.

Das ist der Sinn.

---

also in Zukunft jemand zu Ihnen sagt; „Du bist ja so angepasst", lobt er „eigentlich" nur Sie und Ihre evolutionären Fähigkeiten damit... ;-)
27 Eine Trägerwelle zum Beispiel überträgt, wie der Name schon sagt, etwas (z.B. Radiowellen). Sie hat also eine Information, nämlich das, WAS sie überträgt und gleichzeitig Energie, die Sie sogar mit einem entsprechenden Empfangsgerät hörbar machen können, nämlich mit einem stinknormalen Radio.
Dieses Prinzip funktioniert überall:
Im Verbrennungsmotor; Benzin hat die gespeicherte Information aus der Materie etlicher vergangener Zeitalter, die im Verbrennungsprozess in Energie umgewandelt wird.
Im Wasser; welches eine gewisse Temperatur, einen gewissen Salz- und Mineraliengehalt usw. besitzt, also die – in diesem Fall auch thermische – Energie als Information über den „Zustand des Wassers" gespeichert hat.
In unseren Zellen; darin liegen alle unsere Erbinformationen, die uns als (Daseins)Energie zur Verfügung stehen und so weiter und so fort.

Kommen wir nun noch mal auf den Moment der Schöpfung, also zu der Entstehung des Universums zurück.

Wie gesagt, es ist hierbei völlig unerheblich, ob wir wissen, warum es überhaupt etwas gab, das „urknallen" konnte, worin sich dieses Etwas „vorher" befand oder wer oder was sich überhaupt dafür verantwortlich zeigt.

Unsere Realität, unsere individuelle Tatsache ist, dass wir existieren und alles um uns herum ebenfalls existiert.

Eines der größten, wenn nicht sogar das größte Wunder überhaupt!

Die Wissenschaft geht größtenteils davon aus, dass alles was heute existiert, bzw. zumindest die Energie und die Ursprünge der Materie, zu dieser Urknallzeit irgendwie bereits in der dann explodierenden Kugel vorhanden war.

Anders ausgedrückt:
>Das **WAS** war schon da,
>das **WIE** aber noch nicht.

Das heißt - Achtung, denn jetzt wird es sehr mystisch, spirituell, religiös, blasphemisch, revolutionär, verstörend, unmöglich, lächerlich, perfide, bescheuert, bewusstseinserweiternd..., je nach Einstellung - dass tatsächlich ALLES miteinander zusammenhängt, verbunden ist und alle Energie(formen) bereits vom Anbeginn der Zeit[28] an da waren und sind.

---

[28] Wie alle unser Universum betreffenden Naturgesetze, fingen auch die Zeit und unser (dreidimensionaler) Raum erst mit dem Urknall zu existieren an.
Grob vereinfacht: Sobald etwas manifest geworden ist, also Materie besitzt, existiert es in Raum **UND** der Zeit, da es ja Raum **UND** Zeit einnimmt. Beides muss zur Bestimmung der Existenz in diesem Universum herangezogen werden, da beide sich gegenseitig bedingen, weshalb ja auch die berühmteste Formel der Weltgeschichte – $E=mc^2$ – formuliert werden konnte. Die Masse [m] ist

Und, dass diese Energie mindestens bis zum Ende dieses Universums bestehen bleibt.

So.

Nun verhält es sich in unserem Universum nun mal so, wie es sich in allen geschlossenen Systemen verhält[29]; auch hier gilt der erste Hauptsatz der Thermodynamik:
In einem geschlossenen System geht keine Energie verloren, sie kann nur umgewandelt werden.

Erinnern Sie sich doch bitte jetzt nochmals an meinen weiter oben zitierten „Sinn des Lebens" und berücksichtigen dabei ganz genau

---

Materie (Raum), Lichtgeschwindigkeit [c] ist Zeit. Und wie ich Energie darüber hinaus noch definiere, wissen Sie ja bereits...
29 Für mich ist das Universum per Definitionem ein geschlossenes System. Schauen Sie ruhig mal im Netz die diversen Definitionen des Begriffes durch, vor allem in der Thermodynamik. Sie werden keinen Widerspruch finden...

die darin definierten Begriffe „Energie" und „Information".
Sind Sie soweit?

Sitzen Sie gut?

Okay.

Anmerken möchte ich an dieser Stelle noch, dass es nicht in meiner Absicht liegt, hier nun religiöse oder andere Gefühle zu verletzen, sondern es mir schlicht und ergreifend nur darum geht, eine rational erfassbare Erklärung zu liefern, die diese ganze „Existenzgeschichte" (zumindest jene ab dem Urknall) ganz einfach erklärt.

Halten Sie mich ruhig für größenwahnsinnig zu so etwas fähig zu sein, aber lesen Sie bitte erst einmal in Ruhe weiter.

Um sich seiner Selbst vollumfänglich bewusst zu sein, braucht es mehr als Instinkte, Reflexe, einen Körper und entsprechende -funktionen.

Es braucht Geist oder eben Seele, da ja etwas „vom Leben beseelt" ist.

Gehen Sie dabei bitte, wenn nötig, weg vom religiösen Begriff der Seele und nehmen diesen Begriff nur als Definition von etwas, das benötigt wird, um sich seiner Selbst bewusst zu sein.

Menschliches Bewusstsein darüber, dass ich am Leben bin und über diesen Umstand nachdenken und reflektieren kann.

Oder, wie René Descartes es treffend ausdrückte:

„Ich denke, also bin ich."

So.

Nun behaupte ich, nehme ich alle vorangegangenen Aussagen zusammen und betrachte sie tatsächlich objektiv, sachlich und ganzheitlich, dann MUSS ich doch zu dem Schluss kommen, dass sämtlicher „Lebensfunke", sämtliche „Seelenenergie" ebenfalls (mindestens) vom Anbeginn des Universums an existiert.

Was wiederum nochmals und um so mehr beweist, dass alles mit allem zusammenhängt, sogar wir als „Seelenbrüder und Seelenschwestern", da wir ja auch im Grunde genommen ebenfalls schon im Ansatz von Anbeginn der Zeit an existiert haben.

Es ist der natürliche Lauf der Dinge in unserem Universum, dass Existenz beginnt und irgendwann auch endet.

Ein Stern entsteht und vergeht irgendwann.
Ein Gebirge oder eine Landmasse entstehen, die irgendwann nicht mehr sind.
Eine Pflanze oder ein Baum entsteht und verwelkt irgendwann oder stirbt ab.

Ein Mensch wird geboren…

Für einen Menschen ist diese Existenz (mehr oder weniger) ein Leben in Bewusstheit, in Bewusstheit darüber, dass man existiert und sich Gedanken darüber machen kann.

Also ein „beseeltes" Leben.

Und wenn diese „Bewusstheitsenergie" schon immer da war, muss sie zum Beginn der individuellen Existenz eines jeden Einzelnen ja irgendwoher gekommen sein und zum Ende der Existenz eines jeden Einzelnen auch irgendwohin wieder entschwinden (Thermodynamik).

Ich persönlich nenne diesen „Ort" die „Seelenmasse", wobei andere dafür auch das Wort „Gott" benutzen[30].

Sehen Sie, so schließt sich ganz einfach der religiöse mit dem wissenschaftlichen und spirituellen Kreis, ohne auch nur im Ansatz den geringsten Widerspruch zu erzeugen[31].

Wie gesagt: „einer guten Idee ist es völlig egal, wer sie hat..."

Apropos gute Idee...

---

30 Erinnern Sie sich bitte an die nicht ausschließlich religiöse Definition des Wortes „Gott" aus Kapitel 2.
31 In der Seelenmasse existiert so ein Konstrukt wie die Zeit nicht, da die Seelenmasse ja bereits VOR dem Urknall vorhanden war, der ja erst die Zeit erschuf...
Das heißt, dass zu jedem Zeitpunkt der Evolution bzw. der Geschichte „eingestiegen" werden kann in das Lebensspiel. Somit ist auch die Frage nach der „Menge an inkarnierten Seelen" obsolet, wie auch die Frage, ob man immer nur als Mensch inkarniert...

Eine weitere Denkdiskrepanz möchte ich an dieser Stelle ebenfalls ansprechen.

Für mich hat alles was lebt, was existiert, irgendwie auch eine Art Bewusstsein, zumindest in dem Sinne, dass die Bausteine des Lebens dieser Existenz (für gewöhnlich die Zellen) „wissen", dass sie zum Beispiel in ihrer Gesamtheit einen Dachs, einen Labrador, eine Fichte, eine Orchidee, einen Delphin, einen Adler, eine Stubenfliege oder sonstwas[32] bilden werden.

Ob und wie sich diese dann allerdings in irgendeiner Art ihrer selbst bewusst sind, weiß ich nicht, das sollen lieber klügere Köpfe enträtseln.

---

32 Ich bin mir nicht sicher, ob es zuviel von der geneigten Leserschaft verlangt ist, hier auch „nicht so offensichtlich lebendige" Dinge wie zum Beispiel (Edel)Steine oder Berge zu benennen, da auch ich mir nicht sicher bin, wie man Leben tatsächlich definieren sollte.

Wohin nun, Menschheit?

Immer weiter mit „mehr des selben?"
Immer weiter mit Gewinnmaximierung?
Immer weiter mit „nach mir die Sintflut"?
Immer weiter mit Egoismus, Rassenwahn, fossilen Brennstoffen, Umweltverschmutzung, Plastikmeeren, Erderwärmung, seltsamen Staatsoberhäuptern und seltsamen „patriotischen" Parteien?

Oder doch mal etwas ein klein bisschen nachhaltigeres wagen, wovon nicht nur Einzelne, sondern wir alle als Bewohner des selben Planeten etwas haben?

Wir alle sind Schöpfer. Im Kleinen wie auch im Großen.

Vom bestellten und prompt gelieferten Parkplatz in der überfüllten Stadt am Samstag Mittag bis hin zur Idee, die den Schadstoffausstoß eines Verbrennungsmotors minimiert[33], wie man das Plastik aus den Weltmeeren und Mikroplastik aus den Lebewesen bekommt, dem Klimawandel begegnet, gerecht globalisiert und Frieden und Freiheit damit schafft oder was man alles Sinnvolles zum Thema Weltraumschrott und anderem beitragen kann.

Denn alles, wirklich und wahrhaftig **ALLES** ist drin.

---

33 <u>Jetzt mal ganz im Ernst:</u> Einen passenden Schwamm in den letzten Auspufftopf oder ganz ans Ende des Auspuffrohres platziert, diesen stetig leicht feucht halten und ab und zu auswaschen.
Fertig.
Das Prinzip eines solchen Feinstofffilters müsste doch tatsächlich ganz einfach funktionieren und ist meines Erachtens nach ganz leicht realisierbar, wenn man die Rückdruckfrage, die sich dann spätestens am Ende der Auspuffanlage stellt, klären kann.
Dies dann alles noch vollautomatisiert, äußerst günstig auf jeden Fahrzeugtyp nachrüstbar und mit nachhaltig erzeugten, biologisch abbaubaren Materialien umgesetzt, hätten wir es wenigstens für die Zeit, in der die letzten Verbrennungsmotoren noch ihren Dienst verrichten, etwas einfacher, die Luft sauberer zu halten.

*Also schöpfen Sie bitte was das Zeug hält,
damit wir alle etwas davon haben!*

**UNSERE ERDE UND DAS GESAMTE
UNIVERSUM DANKEN ES IHNEN!**

***

11. Schlusswort und Dank

Als ich dieses Buches begann, gab es noch keine Fridays-for-Future-Bewegung, der Brexit und die Europawahl waren noch weit weg, Angela noch die Vorsitzende ihrer Partei, Horst die der seinen und die Gesellschaft war noch unschlüssig, was nachhaltige Verkehrs- und Umweltkonzepte eigentlich genau sein sollen. Interessanterweise liegt nun mittlerweile der Fokus auf eben dieser Nachhaltigkeit, wobei ALLES nachhaltig und sinnvoll überdacht werden muss, und zwar von uns ALLEN! Und dies möglichst sehr weit weg von irgendwelchen monetären Zwängen und Ausrichtungen, denn darauf KANN es heute nicht mehr nur hinauslaufen.

Weshalb ich auch in meinem zweiten Werk, was mit seinen über hundert Seiten jetzt durchaus schon Buch genannt werden kann, nichts wirklich Neues erschaffen, sondern wiederum nur die Dinge etwas anders als andere gesehen und vielleicht auch ungewöhnlich kombiniert und miteinander verknüpft habe, denn schlussendlich kommt immer irgendwann alles zusammen, was zusammen gehört.

Es ist mein Anliegen, Sie zum Nachdenken anzuregen und Sie zu ermutigen, das zu ändern, was Sie ändern können und das weiterzugeben, was speziell nur Sie weitergeben können, nämlich Ihre Individualität, Ihre Einzigartigkeit und Ihr gesamtes Selbst-Bewusst-Sein. In diesem Sinne:

**„Nicht nur das Denken ist toll,
das Machen auch!"**

Aber bitte immer nur gemeinsam mit Ihrem „Bauchhirn" (Ihrer Intuition), Ihrem Herz und Ihrem Verstand, denn nur dann haben Sie alles

Wissen und die Macht die Sie brauchen, für alles, was Sie sich bewusst erschaffen, gestalten und verändern möchten.

***

Und da ich bereits in meinem ersten Büchlein meinen Dank zu Worte brachte, an dieser Stelle nur noch...

Danke an das Leben, das Universum und den ganzen Rest[34].

Danke an den Grund der Existenz.

Danke, dass es mich, alle und alles andere gibt und ich darüber empfinden kann.

DANKE!

DANKE!

DANKE!

***

---

34 Ein Hoch auf den unsterblichen und genialen Douglas Adams!

12. Über den Autor

„Eigentlich" hatte ich ja bereits alles über mich gesagt, was es zu sagen gibt, nachlesbar in meinem ersten Büchlein oder auf meiner Internetpräsenz.

Einen besonderen Bezug zu dem Thema, welches ich hier aufgearbeitet habe, habe ich als Mensch „natürlich" schon immer gehabt.

Als erfahrener Um-die-Ecke-Denker und Soziemlich-alles-Hinterfrager habe ich zwar nicht die Weisheit gepachtet, aber mir wenigstens diese zauberhafte kindliche Fähigkeit bewahrt, zu staunen und mich zu wundern.

Das kann sehr lustig sein, denn es belebt, es macht Laune und hält den Geist und das Selbst wach und jung.

Ich kann nur jedem raten, diesen obercoolen Typen namens Jesus ernst zu nehmen, wenn er sagt:

**„Werdet wie die Kinder,
denn ihnen ist das Himmelreich".**

Ich kann Ihnen aus eigener Erfahrung bestätigen (egal, ob Jesus tatsächlich war oder wer), dass Staunen und Wundern sich himmlisch und reich anfühlen.

Im „echten" Leben aber, also mit allem Drum und Dran an sich, halte ich es eher wie Forrest Gump:

„Es ist wie eine Schachtel Pralinen."

und manchmal eben auch:

„Shit happens."

Nehmen auch Sie nichts als selbstverständlich an, hinterfragen auch Sie ruhig, wie, wo und wann man (also schlussendlich auch Sie selbst persönlich) etwas anders, einfacher, sinnvoller, leichter machen kann, denn damit sind Sie auf einem guten Weg und wir anderen alle auch, wenn dies jeder beherzigt.

Es sei denn...

„Das war doch schon immer so!"

„Na dann ist es ja gut...". ;-)

***

13. Literatur

¶

Hier habe ich es mir einfach gemacht und meine Literaturempfehlungen größtenteils aus meinem ersten Büchlein übernommen und einfach nur noch ergänzt.

- Paul Watzlawick: Anleitung zum Unglücklichsein
- Paul Watzlawick: Wie wirklich ist die Wirklichkeit?
- Paul Watzlawick: Menschliche Kommunikation
- Paul Watzlawick: Münchhausens Zopf
- Sascha Rimasch: Ein Diamant im Ozean
- Friedemann Schulz von Thun: Miteinander reden
- Wolfgang Schmidbauer: Du verstehst mich nicht!
- Thomas A. Harris: Ich bin o.k. - Du bist o.k.

- Lutz Schwäbisch und Martin Siems: Anleitung zum sozialen Lernen
- Douglas Adams: Per Anhalter durch die Galaxis
- Jostein Gaarder: Sofies Welt
- Michael Moore: Stupid White Men
- Hans Bemmann: Erwins Badezimmer
- Dan Millman: Der Pfad des friedvollen Kriegers
- James Redfield: Die Prophezeiungen von Celestine
- George Orwell: 1984
- Aldous Huxley: Schöne neue Welt
- Neale Donald Walsch: Gespräche mit Gott
- Sashari Mash: Anleitung zum Aufwachen
- Florence Scovel Shinn: Das Lebensspiel und seine Regeln

...und einfach so ziemlich alles von Walter Moers, der, wenn Sie mich fragen, einen absolut einzigartigen Sinn für Humor hat.

...und noch ein filmisches Medium:

- What the bleep do we (k)now!? (2004)
- The Secret – Das Geheimnis (2006)
- Das ultimative Geschenk (2006)
- Idiocracy (2006)
- Al Gore – Eine unbequeme Wahrheit (2006)
- The Man from Earth (2007)
- Alphabet (2013)
- Tomorrow – die Welt ist voller Lösungen (2015)
- Al Gore – Immer noch eine unbequeme Wahrheit (2017)

DANKE FÜR EURE EXISTENZ!!!

***

Schön, dass Sie dieses Buch gelesen haben.

Sogar bis ganz zum Schluss.

eB: einfach Brehmer !
Soziale Dienstleistungen